눈이 보기

노연희 시집

늪이 보기

한강

서문

최 광 호 | 시인·(사)한국문화예술연대 이사장 |

 노연희 시인의 시 대부분은 그리움, 추억의 정서 그리고 자연 상관물을 통해 시화詩化되고 있다. 그는 일상의 공간에서 일상의 시어로 시를 직조하고 있으며 그런 그의 시는 어렵지 않아 독해에 있어 용이하다.
 노연희 시인의 시는 머리로 사유하는 시이기보다 가슴으로 느껴지는 시이다. 그러기에 소탈한 감동을 느낄 수 있다. 그의 시적 언어는 복잡하기보다 단순하고, 난해하기보다 명징하며, 의식적인 기교에 의존하기보다 순수하고 담백한 서정의 표현에 더 큰 비중을 두고 있는 서정시인이라 할 수 있다.

 새털구름이/ 책갈피에 끼워 놓은/ 뜨거운 말문 깨운

다 // 못 본 척 못 들은 척/ 가슴밭에 기댄 채/ 고즈넉이 명상한다/ 빨간 미소/ 살그머니 고개 들어/ 나붓나붓 햇살 담아 눈부시다 // 행복 머금고/ 꽃입술 뒤척이며/ 샛바람에 온몸 흔든다

―〈가을 강가〉 일부

  위 시는 자연의 서정성을 바탕한 시적 상상력이 돋보이는 작품이다. 시인 특유의 이미지 형상을 통해 아련한 그리움을 담아 내고 있다. 흐르는 그 강물에 근심, 걱정을 모두 흘려보낸다. 흐르는 강물을 바라보며 삶과 강물이 하나 되어 흐른다.
  시인의 시에는 진솔한 삶의 경험과 고뇌의 미세하고 굵은 결들이 새겨져 있다. 유유히 흐르는 강江을 바라보며 생각이 여러 형태로 떠오르고 있다. 흐르는 강물은 삶의 여정으로 다가오기도 하는 것이다. 흐르는 강을 바라볼 수 있는 것만으로도 평화롭기 그지없고 행복한 것이다.

별과 바다와 하늘/ 아픔이 진할수록/ 억새풀처럼 강한 의지로 지즐댄다 // 가슴에 꽂힌 태극기 휘날리며/ 불굴의 용기로 철썩철썩 // 간절한 마음으로/ 분연히 일어선 심장 소리/ 터질 듯 내일을 꿈꾼다

―〈독도·3〉 일부

시는 시인의 정신적 표징이다. 시를 읽으면 그 시인이 살고 있는 시대의 바람과 외면할 수 없는 외침과 마주하게 된다. 그 외침은 양심의 불꽃이며, 시인의 내면에 잠재된 시론이라 할 수 있다.

위의 〈독도〉 연작시에서 노연희 시인의 예리한 통찰력에서 비롯된 역사의식이 깊게 내재되어 있음을 볼 수 있다. 한반도의 동해상에 위치한 울릉도와 독도는 한민족의 역사와 맥을 같이 하고 있으며, 전통적으로 우리 민족의 생활 공간이다. 그런 민족의 공간에 대한 수호 의지가 시에 잘 드러나 있다.

다잡은 수평선 너머엔/ 눈물 적신 석양이 있다/ 곧추선 추억은/ 닳아 버린 손톱인 양 시들지 않고/ 배낭 속에서 몸부림친다 // 노란 실타래 풀듯/ 물길 열고 머리 젖어 올 때/ 아무렇지 않게 더께 거두어/ 신음하는 날개 묶어 놓는다 // 뻐걱거림 속에서 쉬지 않고/ 꽃무릇 향기 밀려와/ 그리움 고백한다 // 헝클어진 숨결처럼/ 술렁이는 파도밭에/ 외로움 차곡차곡 쌓이고/ 세월에 매달리던 가슴은/ 진종일 누워 있다 // 조각난 가슴에 꽂힌 그 길에/ 고스란히 삭여/ 지친 비늘 마르지 않는다.

—〈높이 보기〉 전문

아울러 시인은 시를 통해 삶의 의미에 대해 고심하는 흔적이 역력하다. 절제된 감정과 간결한 시어를 통해 이미지를 잘 구현하고 있으며 또한 시인의 내면 의식에서 비롯된 시적 상상력은 함축성과 은유라는 시의 특질을 잘 드러내 보이고 있다.

  아울러 시인의 시는 인간 삶의 성찰 과정을 거치는 창작 행위로 작용하고 있다. 그런 시는 강요나 선전, 집단의 목소리가 아닌 시적 대상을 통해 세상에 대한 가장 솔직한 태도를 드러내 보이는 것이다. 그러하기에 노연희 시인은 이번 시집 『높이 보기』에서 자기 삶의 철학을 바탕한 시적 사유로써 공명 깊은 울림을 시집에 담아 내고 있다.

  동도의 길을 가는 사람으로서 노연희 시인의 시집 발간을 진심으로 축하하며 서문 몇 자 적는다.

2025년 3월
문학공간사에서

시인의 말

 매일 반복되는 하루의 일상 속에 우리는 항상 최선의 결과를 얻으려고 부단한 노력을 한다.
 그러면서 좋은 생각과 아름다운 마음으로 보내리라 스스로에게 맹세한다. 그러기 위해서는 무엇보다 마음이 중요하다.
 사람 마음을 매료시키며 가슴속 깊이 담아 놓고 그곳에 아름다운 추억과 미래의 꿈과 작은 행복 속에 서로의 마음을 느끼고 공감하며 함께할 수 있는 것이 어쩜 보람 중에 보람이 아닐까.
 주신 이에게 감사하며, 세월의 어느 결에서 보는 이 애틋함 눈과 함께 사색 자락 받아들이는 마음이 필요하다. 허공을 지나 청명한 물소리에 그리움으로 흰

돛을 올린다.

   사랑으로 모든 사람을 껴안을 수 있는 사랑의 마음을 심으면 온 세상이 행복해지겠지.

   초록빛 바닷물에 허리를 펴는 바람의 척추가 느껴진다. 바다의 동글동글한 포말이 모여들어 다채로운 감성의 세계를 만난다. 자리 펴 주는 줄뿌림으로 골진 자리에 감성의 씨앗을 심는다. 이 계절에 지쳐 있는 몸과 마음을 덕분에 확 날려 보낼 것 같다.

   언젠가 아버지가 이야기를 했다.

   "지치지 말고, 밥 잘 먹고 기운 내 딸!"

   아버지의 음성이 들리는 듯하다.

   갈색뿐이던 연못가에는 부슬부슬한 흙을 호미로 긁어내고 골진 자리에 시금치 씨앗을 줄뿌림해 주면 된다고 이야기한 아버지가 그립다. 가만히 있어도 배어 나오는 솔숲의 향기처럼 소박하고 조용한 아버지는 늘 내 마음밭을 풍성해지게 해주셨다.

   오늘도 나는 상인동에서 부슬부슬한 흙을 호미로 긁어내고 골진 자리에 씨앗을 줄뿌림한다.

2025년 3월에
노연희

노연희 시집　　　　　　　　**높이 보기**

□ 서문_최광호
□ 시인의 말

제1부 선물

나의 하루 ── 17
나의 일상 ── 19
어부의 노래 ── 20
내가 나에게 ── 22
왜 ── 25
높이 보기 ── 26
슬픈 이야기·1 ── 28
슬픈 이야기·2 ── 29
허공에는 ── 30
그날 ── 32
소풍 ── 35
선물 ── 37
휴식 ── 39
산책 ── 40

제2부 오솔길

오솔길·1 ── 43

높이 보기 　　　　　　　　　　　　노연희 시집

44 ──── 오솔길·2
46 ──── 고래
49 ──── 등대
51 ──── 해안길
53 ──── 장호원 황도
55 ──── 비
57 ──── 의자
59 ──── 안경·1
60 ──── 안경·2
62 ──── 미세 먼지
63 ──── 달팽이

제3부 **나팔꽃**

67 ──── 구절초
69 ──── 동백꽃
70 ──── 나팔꽃·1
71 ──── 나팔꽃·2
73 ──── 나팔꽃·4
74 ──── 민들레
76 ──── 억새
77 ──── 제라늄
79 ──── 금계국

진달래꽃 ──── 82
복숭아 ──── 84

제4부 가을 단상

봄비 ──── 87
오월·1 ──── 89
하중도의 봄 ──── 90
오월·2 ──── 92
유월의 길 ──── 94
폭염 ──── 96
가을·1 ──── 98
가을·2 ──── 99
가을 단상 ──── 101
가을 강가 ──── 103
나의 늦가을 ──── 106
눈꽃송이 ──── 108

제5부 그리움

울 엄마 ──── 111
어머니의 경대 ──── 112
기다림 ──── 114

높이 보기 　　　　　　　　　　　노연희 시집

115 ──── 향수
116 ──── 그리움
117 ──── 그리움·7
118 ──── 그리움·8
120 ──── 추억 단상
123 ──── 추억엔 승자가 없어요
125 ──── 사랑호
127 ──── 어떻게 할까
128 ──── 아멘

제6부 독도

133 ──── 홍천 예찬
135 ──── 공작산
137 ──── 용마폭포공원
140 ──── 용마산
143 ──── 만행산
145 ──── 귀때기청봉
147 ──── 거제도에서
149 ──── 독도·1
151 ──── 독도·3
153 ──── 독도·4
155 ──── 안창호
159 ──── 호국 보훈 달

제1부 선물

나의 하루

따스한 정 스며든
여울목
가로질러 간다

뒷걸음질 치다
앞에 찍힌 발자국
힐끗 본다

추억이 전해 준 몸짓
주저앉힐 수 없어
붙잡는다

쿵쿵 뛰는 설렘이
한구석에 처박혀 있는
외로움을 손잡아 이끈다

일렁이는 사색은
한껏 커 버린 내면을
쓰다듬는다

상흔이 첫눈처럼 나부끼다
세월 따라
덜컹 내려앉으면

부족한 곳 채우고
넉넉한 곳 비우며
일상을 풀어놓는다.

나의 일상

해가 진다
절반의 그늘 속
빨랫줄에 걸린 옷들을 내린다

네모난 세상 접자
하나씩
다른 표정의 추억이 보인다

내일을 기다리지 않는
옷자락 삐져나와
손길을 기다리고

돌같이 찬
달빛만
맑게 반짝반짝

조금 늦게 나타난
때 절은 흔적은
봉실봉실.

어부의 노래

수평선 너머엔
부두가 기다리고 있다

곤두선 집어등이
불 밝히고
닳아 버린 부표가
물길 안내하며 끄덕인다

풍랑도 한파도 비집고
온몸 굽히며
그물을 끌어올린다

노래하는 아침 햇살
비린내 달고 훨훨

투박한 손은
꽁꽁 감각이 없다

소주 한 잔으로

목젖 타고 번져 가던 취기는
뚜벅뚜벅 바다 한가운데를 가른다

폭풍우 풀어헤친 파도는
소금꽃 하얗게 피워 올리고

만선의 콧노래는
뱃길 열고
손가락들은 꼬물꼬물
그리움 속살거린다.

내가 나에게

혼자라고 한숨짓지 마
산들바람도 공평히 불잖니

꿈꾸면 눈물이 나
외롭다고 하잖니

약해지거나 불행하다 하지 마
불꽃처럼 살아 있어 좋잖니

그래 약해지지 마
마음에 재워 둔 친절 꺼내고 싶잖니

쓸쓸함이 골수에 차오르면
연금같이 모아서 기운 차리잖니

뺨 어루만지는 손길도 찾아와
시시때때로 선물 주잖니

지우개로 지울 때마다

깨어 있는 그 사랑 보이잖니

외로울 땐 구름도 가족처럼
붉게 물든 하늘 가득 채워 주잖니

머리맡에 놓인 약봉지도
시 쓰는 메모지로 쓰이잖니

혼자서 무서우면
바람 햇살에게 손 내밀면 되잖니

고집부리지 말고
같이 웃으면 보기 좋잖니

정성껏 화장을 해 봐
누군가에게 칭찬받고 싶잖니

눈물이 좀처럼 멈추지 않아도
끙끙 앓지 마

단숨에 흘려버리면 되잖니

수많은 포기 왜 그런 걸 하니
잊는 것, 잊어 가는 것, 수백 번 배웠잖니

자 일어나, 후회 남기지 않도록
혼자 살겠다고 결정한 너잖니

순수하게 기대는 것도 용기야
내일 또 어김없이 아침 해가 비추잖니

가난도 그 질곡도 헤쳐 가며
여지껏 살아온 너잖니.

왜

말없이
흔들린다

흐르는 시간
떠오른다

저 하늘 따라
때늦은 질문 쌓는다

저 솔직한 눈빛
조용히 흐느낀다

가을을
몹시 탄다.

높이 보기

다잡은 수평선 너머엔
눈물 적신 석양이 있다
곧추선 추억은
닳아 버린 손톱인 양 시들지 않고
배낭 속에서 몸부림친다

노란 실타래 풀듯
물길 열고 머리 젖어 올 때
아무렇지 않게 더께 거두어
신음하는 날개 묶어 놓는다

삐걱거림 속에서 쉬지 않고
꽃무릇 향기 밀려와
그리움 고백한다

헝클어진 숨결처럼
술렁이는 파도밭에
외로움 차곡차곡 쌓이고
세월에 매달리던 가슴은

진종일 누워 있다

조각난 가슴에 꽂힌 그 길에
고스란히 삭여
지친 비늘 마르지 않는다.

슬픈 이야기 · 1

울울한 대밭 죽순
소금 바람에도 억척스레 자란다

하얗게 눈물빛 사리
탑 속에 모셔 두고
풍경 소리 요란하다

걱정 구름 피고 지고
동학사 여승방 오솔길 지난다

연천봉 회오리길
땅도 하늘도 잇고
나무오리 앉힌 돛대봉에
해가 저문다

석양 번진 시름 겨운 꽃
늦은 길 그렁그렁
달빛에 배불러
할미꽃도 끄덕끄덕.

슬픈 이야기·2

촛농은 아픔 한아름 흘려보내고
가슴 뚫고 굳어져 북망산천 다독이며
자장자장 자장가 부른다

헛헛한 길
외로이 떠나는 아들 위해
자장자장 자장가 부른다

요령 소리 난무하고
법향 그윽해도
자장자장 자장가 부른다

착한 아들 대접 받도록
의로운 사람 인정 받도록
자장자장 자장가 부른다

뼛속까지 부는 바람
너울너울 젖어도
자장자장 자장가 부른다.

허공에는

촉수 낮은 전등 불빛이
허전함 껴안고 커지면
맞잡은 두 손
숨 열어젖힌다

빙그레 빚은
겸손한 미소
또렷이 떠다니고

눈부신 햇살 따라
실바람처럼 스쳐 가는
웃음소리

꿈꾸듯 요동치니
세월의 그 물길
마르지 않는다

추억의 노래
까르륵까르륵
환히 피어난다

새끼손가락 건
허술한 약속
굳은살에 매달리고

파르르 몸부림치는 불씨
여기저기 터지는 굽은 등
하나같이 이슬 맺힌다

산책로에는
늘 푸른 독백만
꾸물꾸물 들어차고

곱게 앉아 있던
미열은
상흔으로 몸살 앓고

수런수런한 마음 끌어안은
달의 정기
여전히 이동도 없다.

그날

그리워할 여유도 없이
아슴한 산허리 돌아간다

곤한 몸 뉘일 데 없어
구름에 펄럭이며 살아가는
흐드러진 웃음

바람이 자고 다시 일기까지
해 지고 별빛 다시 널리기까지
외로움 견디느라 자지러진다

아직도
업보처럼 남는 마음
노을 구름처럼 떠 있다

가슴에 고이는 풀벌레 소리
할배 덕에
무거운 어깨 스러진다

어제를 벗고 햇살의 기쁨 안아
차르랑 차르랑
말결로 서로를 깨운다

등불처럼 희뿌연 향기
안개 속에서 자꾸 커지고
까무스름한 세월처럼 젖는다

들려오는 꽉꽉한 소리
우렁찬 바람에 투욱 터져도
헐레벌떡 숨결 들이쉬고 내쉰다

쪼이는 한낮이 졸고
애타게 밟고 오는 그 발자국
덧없는 시간에 불려
속이 끓는다

파르르 몸부림치는 불씨
여기저기 터져 매달리면

하나같이 이슬 맺힌다

마음의 근육 뻐근해질 때마다
꼬박꼬박 하루 틈으로 허전함 껴안고
스텝까지 맞춰 뛴다.

소풍

싱그러움
<u>쪼르르쪼르르</u>
빛 되어
너울너울

낮달의 곁눈질에
쉼표 찍으며
걷는다

콧노래 절로절로
추억의 징검다리 놓으며
걷는다

속살까지 해맑은
꽃봉오리
올곧은 그리움 찬연하다

뭉클뭉클 감동으로
파닥이는 그림자

여운 깔려
선율로 눈뜬다

고요는
조바심 내지 않고
풀섶으로 비켜선다.

선물

맑은 눈빛 스며든
감동의 웃음

소복소복 벗어 놓은 쌓여 가는
해맑은 기쁨

다시 태어나
돌아다니는 향내

눈동자에 고인 하늘
거기 새삼스레 느끼는 꽃구름

단란한 해후로
끄덕끄덕 푸는 포근함

등 뒤에서 불어오는
달콤한 바람

기막힌 속살

소롯이 담아 포르르

따사로운 햇살에 어리는
돌고 도는 약속

조건도 없이
정성 담은 낭만의 가슴

두근두근
뜨겁게 두드리는 향연.

휴식

벤치 위까지
개망초가 솟아오르고 있다

너무 빠른 성장에 지쳤다
잠시 앉아 쉬어 가겠다 한다

순하고 명랑하고
맘 좋은 가슴에

갈증 식히는 물 한 방울
하늘의 별같이 고요하고 맑다.

산책

하루가 저만치서
녹아내리는 허리 곧추세운다

능선 따라 바람 따라
잔잔히 불어오는 미소

모락모락 오름길 오르며
은빛 정기 내뿜는다

못 본 척 못 들은 척
평온으로 엮어 내는 소금꽃

함께한 향기로 자라
어깨 타고 내려와 침묵한다

명상하는 결고운 심성
고개 너머 아득한 꽃.

제2부 오솔길

오솔길 · 1

화선지에 물과 채색으로
사르륵 담고
정연함 주고받더니
걷고 앉고 속살 즈려밟지
때론 물집 뻥 뚫리게
바람 불러 고백하지.

오솔길 · 2

늦가을의 목마름 쌓아 놓고
부질없는 울림만 길 나선다

설렘이 세운 푯말 따라
참고 견디며

온몸에 추억 꼭꼭 두른 채
소나무숲으로 들어선다

단풍의 정서 높아질수록
애오라지 더 서러운 날

그리움 촉촉이 젖어들어
미동도 없지만

손에 쥔 약속
살며시 끌어안고서

매달리는 붉은 연민

따지지 않고

주름져 얼비치는 세월의 흔적
그 눈물에 시선이 야위어 가건만

향기 몰고 달려든 속삭임
화려하지도 진하지도 않건만

가슴속의 뜨거움으로
연신 부르짖으며 걸어간다.

고래

물보라 내뿜으며
의기양양
모습 드러내는 너

산천에 터져라
기이한 휘파람
부는 너

새끼 낳아 젖 물리는
지구상에 현존하는
바다 포유류인 너

활기찬 울림으로
일정한 시간마다
허파 가득 공기를
채워야 사는 너

높이 몸부림쳐대며 숨쉬고
바다의 골목 골목 으스대며

먹잇감을
방주로 불러들이는 너

지능 높고
털과 지방의 도움으로
상생하는 너

강력한 이빨
이용할 줄도 알고
너스레 떨 줄도 아는 너

오늘도
한껏 입 벌린 채
포효하는 너

마치 안방에서
자식 돌보는
어미 마음 가진 너

검은 물길 목청 터져라
줄줄이 늘어선 파도와
눈길 마주쳐도
여전히 위풍당당한 너.

등대

항해의 촉수는
깊이 가라앉은
바다의 문 여는
아이콘

시간을 건너와
물빛에 젖어
발등 훑는 바람도
거친 파도와 함께
거리를 좁혀 간다

비린내 올라탄 바위에
밤하늘의 별같이
스멀스멀 다가온 물결은
아픔을 고르고 있다

모래톱을 경고하다
굳은살 박힌 손바닥
그 우글쭈글한 손마디에서
툭툭 파란 심줄이 불거진다

저 멀리 깃발처럼
새까만 밤이 익어
점점 얇아져 가고
꿈으로 빚은 쪽빛은
솟구쳐 오른다

어스름 깔고 누웠던
닻과 닻이 일어서자
초조와 흥분이
여릿여릿 푸르게 갈등한다

지천으로 가득찬 그물망은
하르르 하르르
여정의 마침표 찍는다

저 멀리 부표는 지푸라기처럼
또다시 떠올라
빛이 되고 길이 되어
반짝이기 시작한다.

해안길

윤슬 일렁이는
달밤

떠나지 못하는 향수
항구를 헤매고 있다

쓰다듬으며
흘러가는 마음

포구에 벗어 놓아
귀에 익은 다정함

말없이 타고 흐르는
구슬픈 연민

곰삭아 저리 애련한 걸까
겹겹이 쌓아 놓은 저 세월처럼

사라져 버린

추억의 그늘 따라

살포시 내려앉은
보고픔 하나

꾹꾹 눌러 담은 외로움
해풍에 젖어 들면

시간에 녹아 버린
웅숭깊은 그리움

사랑 휘감고서
하얀 물살 되어 달린다.

장호원 황도

세계 일등 복숭아
물렁해 만지기조차 조심스러운
너

태양의 정기 받고 자라
찡그림도 없는
너

틀니 끼운 어르신 생각에
물 흐르는 과육 한 입
먼저 기쁨으로 전하는
너

흥얼대는 콧노래 부르며
맑은 향 실어 나르는
너

노오란 띠 두르고도
고운 속살 다 드러내 놓고도

덩실덩실 기뻐하는
너.

비

새삼스럽지 않다
그 흔들림의 빗장 풀어 놓고
나른한 잠 속에 빠진다

내려앉은 가슴으로
세월도 얼룩처럼 부어오른
가녀린 언저리

진실은
마음의 고요
하느작하느작 깨운다

하얗게 속삭이는 미열
빨간 바람에도 스며
뒤척이면 재잘재잘

간신히
여명의 목마름으로
쓴웃음 서성인다

얼비치는 몽롱함
달빛으로 기어올라
헐거워진 심연으로
너울너울 울먹인다.

의자

추억의
꽁지 하얀 새

아픔도 고이고이
씻고

하늘 아래
포근히 시름 말린다

가진 것 없이
서 있는 몸뚱아리

늘
허기 찾아들지만

이브의 손길
회미하기만 하다

눈 감고 낡은 다리

칭얼대며 앉을 수밖에

다정함 돋아나
고단함 잠시 쉬어 간다

밤 깊어
삶의 향기
너울너울 내려앉는다.

안경 · 1

보일락 말락
눈도 귀도 실마리 풀어낸다

저 너그러움
싱거운 마음에 다리 건다

날 저물면
사납던 바람 폭우에 널어 말린다

미끄러져도 허물만 닦이고
늘 맑음으로 살아간다.

안경 · 2

아직은 투명하여
손길 닿지 않는 오늘

마음의 색
착용하니

얽매이지 않고
밝음으로 나선다

콧등 위에
오롯이 앉아

소리 없이
어김없는 부동자세

금빛 도는 아침
조용히

감격과 환희로

맞이한다

해맑게 빚은
겸허한 하루.

미세 먼지

미지의 바다에 노을 곱게 열릴 때쯤
세상도 마음도 불그레 숨결 고른다
먼먼 마음 나눠 가질 수 없는 사랑
지는 노을 혼자 있어도 외롭지 않아.

달팽이

집을 질질 끌면서
기어 온다

어디로 가나
어디서 왔나

할 일 투성이라
살살 걷는 걸까

날마다 새로운 여정
그 길은 멀리서도 잘 보인다

바쁜 스케줄 때문에
더는 볼 수가 없다

새로운 꿈 향해
달려가는 추격자여.

제3부 나팔꽃

구절초

길섶에 피어난 향기
비탈길에서도
달콤한 촉감으로 하늘하늘

가슴으로 피어
가슴으로 지는 꽃
환한 미소로
세월 밟고 서서 살랑살랑

날으는 가벼움으로
따스함 드리우는
사색의 그림자

한없는 고요
두 손으로 모아
빛나는 햇살 속에 넣어 두고

그리움처럼 이슬 적시어
어제를 하얗게 지워 버린 듯

단아한 속살로 수줍어하는 꽃

한적한 오솔길
꽃구름 빗장 풀고
파랗게 물든 바람꽃 되어
깃 펴고 추억 지피고 있다.

동백꽃

백운산 붉은 울음
숲속 추억 길에
심고 또 심어
봄날
그리움으로 꽃 피우리.

나팔꽃 · 1

다시 만나는 하루
새삼스레 흔들리는 몸

모양도 무게도
고심하지 않고

그저 해맑게
또 묻는다

늘 안녕
늘 행복.

나팔꽃 · 2

날마다
줄타기하는 간절함
저만큼 가고 있다

달콤한 추억에
맘 설레며

아무리 낯설어도
이젠 돌아갈 수 없다

새벽길 트이면
허리 곧추세워 외친다
자줏빛 아우성으로

고요 스민 줄기에다
꽃을 꿰어 놓고
떠밀리고 떠밀리며
곳곳에 파고든다

서로 손길 맞잡고
맨발 벗은 정기 내뿜으며
하늘 휘어 구부러져 흐르면

눈부심은
꽃 핀 건가 꽃 진 건가.

나팔꽃 · 4

부단히 꿈틀거리며
뻗어 갔다

가만히 바람져
그림자 어지러울 때
가슴 닿고 마음 닿고
담벽에서 싸묵싸묵
고개 들어 소록소록

가느다란 허리로
조용한 흔들림으로
그윽히 피어오르는
한 떨기 그리움처럼
너울너울

졸다가 주저앉아
하소연하며 피고 지고
햇살 덮인 추억 따라
하늘길 오른다
하르르 하르르.

민들레

그 안에는
드문드문
산이 보이고
들도 보인다

그 위에는
너울너울
바다가 보이고
수평선도 보인다

그 앞에는
모락모락
별빛이 보이고
달빛도 보인다

그 곁에는
알콩달콩
논두렁이 보이고
밭두렁도 보인다

그 길에는
살랑살랑
설렘의 노래가 보이고
우리 사랑도 보인다.

억새

촉수 세워
서로 보듬으니
바람의 살결 서걱인다

가비얍게
뭉쳤다 흩어지고
다시 합쳐지는
군무가 신비롭다

기를 쓰고 날갯짓하며
있는 그대로
불꽃 축제처럼 산다

생각만 건져 올려도
시간의 굴렁쇠
도르르 굴러간다

간절함은
희뿌연 춤사위로
배경 되어 추억한다.

제라늄

부드러운 설렘이
촉촉함 들뜨게 한다

올망졸망 달린 이야기
쫑긋쫑긋 생각 세운다

땡감 같은 느낌도
노래가 되는 세상

꽃내음이
몽글몽글 피어오른다

가슴에
와닿는 말 그대로

만남의 끝자락에
고개 내밀고서

칭얼칭얼

등을 토닥이며

돌아보면
늘 후회 한 사발이건만.

금계국

굽이치는 설렘 안고
노랗게 자꾸자꾸 피어난다

유유자적
그래그래 금빛 물결

마음의 창문은
스르륵 열리고

황금빛 뿌린 듯
물결치는 강변에서

바람 따라 온몸으로
전율하는 웅성거림

물결의 속삭임에
그림처럼 모습 드러낸다

뭉클뭉클 감동으로

환대하는 시선

찰칵찰칵 뿜어내는
반짝이는 숨결

짧은 시간의 끝에
서 있는 열정 초롱초롱

조바심 한 올의 시향으로
사태진 꽃밭

저마다의 사연
추억으로 나래 친다

이리저리 새삼스레
느끼는 선명함

흐드러지게 미소 깔린
끝도 없는 길

길섶 저 멀리서
한들한들

날갯짓하는 그리움
리듬 타고 걸어간다

뜨거운 햇살에
몸짓 익히며

차르랑차르랑
한 자락의 여운 담아

여름으로 가는 길목에서
흔들흔들 목소리 되어 걸어간다.

진달래꽃

산등성이마다
실바람 소리에
길을 틔운다

가슴결에
키 자란 슬픔
산모롱이에 미소 매단다

살며시
쏟아진 진분홍
얼룩을 닦는다

어수선한 발걸음
더듬으면서
여기도 쑥덕 저기도 쑥덕

포시라운 빛깔
밤이나 낮이나
끌어안는다

하늘이
찰랑찰랑
인사하면

아른아른한 추억은
보글보글
끓는다.

복숭아

달의 정기 받고 자라
남실거리며
찡그림 없는 마음
씹으면
그윽해지고 맑아지는
달콤한 심성.

가을 단상

제4부

봄비

술렁술렁
옷 걸치고
부끄러움도 없이
길 나선다

영혼 울리는
가난한 옷자락
헐레벌떡 달음박질쳐 내려오며
산허리에 쏠린다

소슬한 마음
해종일 우수수 날아오르고
날아내리는 숨결 타고
그리움의 앞으로 자르르 피어난다

최고 고운 실빗살
어실어실 바람에 쓰러지면
얼떨결에 돌아가는
어둠의 알맹이 촐랑촐랑

두리번거리며
다소곳이 볼 만지는 야윈 손
하늘로 달려가는 피리 소리
붙잡는다

싱그런 오월
타오르다 우비는 추억은
느글느글 깨어나

저 하늘로 흘러흘러
으스름이 깨지는 듯
가늘게 울려 퍼진다.

오월 · 1

사무치도록 열심히
안겨 오는 어머니 입김
무지개처럼 어질다

마음의 은줄에 작은 날개 털며
뒤뜰의 옷들이 편 갈리어 널려
서로 풀리지 않게 야단들이다

푸시시 기지개 켜는 소리
꽃입술 담쏙 안고
따스한 품으로 간다.

하중도의 봄

금호강변
참꽃 펄펄 날릴 때
유채꽃으로 쉬엄쉬엄
오시는 길

꽃다발 엮어
가슴에 안은
못다 한 정 나부낀다

손등 타고 흩어진
철부지 새벽 탓하며
빛보다 사랑스러운 꿈
내디딘다

향기 어린 바람결
비탈길에 어리면
시심 엮은 수줍음
다가와 안기다

저기 저 길

호올로 풀섶에 세워 두고
풀벌레 소리 엉킨다

청명한 물빛 어리자
온종일 젖어 있던
물속에 둥지 틀고

이 몸 혼자 삭여
휘몰아치는 그리움
보일락 말락

눈뜬 허공에
스며든 미소
겹겹 이어 울리는
버들피리 소리

꽃물이
은근하게 배어
햇살처럼 찰랑거리고 있다.

오월 · 2

기다림이
길을 잃었다
항거의 길

가슴 낮은 곳에서
발걸음 옮길 때마다
들려오는 아우성

깊어만 가는
강산의 전율
나붓나붓

두근대는 가슴에
초록빛 새기고
온몸으로 투신한다

눈뜬 별도
보고픔에 물든 자락
뽑아 올리고

하얀 꽃잎들은
젖은 눈시울로
분향한다.

유월의 길
―현충일

뻗어 오른
뜨거운 꽃자리
거기 향기의 길

문지방 너머로
부르르 진저리 쳐
망부석 들어찬 길

와글와글
기어든 멍에로
부대끼던 길

저 멀리
고향에서 만난
쉰 목소리의 길

산 사람
따라나서듯
밀물 지는 길

펼쳐진
애상의 공간
걸어 들어간 길

둥지도 잃고
날개까지 접어
허망한 길

터진 입술로
손짓하며
샛바람 흔드는 길

두근대는 가슴으로
초록 위에
눈물 새기는 길.

폭염

유달리 길게
꿈틀거리다가
순간순간 터져 나온다
목 길게 뽑아
추억 풀어 담고
끈적이며

맨 정신이
창문 열고 문 열자
숨막히는 음표들이 녹아 흐른다

간절한 손놀림으로
팽팽히 일어나 눈 부릅뜨고
연민의 고리 꼬아낸다

달막달막
맞닿은 보고픔
달력 위에서 맴돈다

해묵은 배짱도
굳은살 헤쳐 나와
차르르 내려앉는다

세월의 얼룩
벌떡벌떡 북적거리면
불그스름함이 빠듯하다

심장 소리에
구물구물
벗겨진 불씨 거두면
하얀 밤 돌아
파르르 몸부림친다.

가을 · 1

마른 잎 굴러
바람에 흩날릴 때

고요는
불어오는 찬 서리에 갇혀
떠날 수 없어요
꼬드기는 사거리 선술집
그냥 지나칠 수 없잖아요

젖은 마음과 수건처럼
되돌아볼 수 있는 하루

한 걸음 한 걸음
기댈 수 있어 좋잖아요

천지사방
북적북적대는데
저리 환한 사랑 곱잖아요.

가을 · 2

고요한 사랑처럼
하루하루 녹여내는
평화의 노래

바람 따라
조용히 묻어 오는
잔잔한 미소

단잠만 깨우는
은빛 도는
추억

뜨거운 시어
책갈피에 끼워 놓고
도란도란

못 본 척 못 들은 척
평원으로 엮어내는
그 다정함

함께한 향기로 자라
지조 잃지 않는
가슴속

어깨 타고 내려와
침묵하는
보고픔

눈물로 갈증 대신하고
고즈넉이 명상하는
마음밭

싸목싸목
고개 드는
그리움.

가을 단상

길가 은행나무는 노랗게 바래 가고
버스 정류장 앞의 담을 뒤덮은
넝쿨 콩 줄기의 이파리들은
갈색으로 물들어 간다

이러지도 저러지도 못한 추위는
갈팡질팡하고 있다
바스락바스락 부서지는 버즘나무 잎을 밟자
산책길 벗어나 산수유 아래 서 있던
고향 생각이 글썽글썽한다

새로 시작하고자 하는 마음이
설레고 두근두근하다

마음 안에 있는 구김살까지
쭉 펴지도록 팔을 길게 뻗어
기지개를 켜 본다

마음속 깊이 고이고이 간직하는

그 높은 뜻에
오늘따라 고개가 절로 숙여진다.

가을 강가

새털구름이
책갈피에 끼워 놓은
뜨거운 말문 깨운다

못 본 척 못 들은 척
가슴밭에 기댄 채
고즈넉이 명상한다
빨간 미소
살그머니 고개 들어
나붓나붓 햇살 담아 눈부시다

행복 머금고
꽃입술 뒤척이며
샛바람에 온몸 흔든다

하얀 속삭임의
들뜬 미열
추억 속으로 스며든다
멀리 날아야 할 때

조용히
주위를 돌아본다

낯선 곳으로
손 흔드는 시선이
그리움으로 채색한다

서러움은
염치도 없이 떠나는 가슴
끌어안는다

글썽이는 눈시울이
하늘을 쫓고
자잘한 일상은 집을 나선다

이미 허기진 인연들은
시간을 털고
음률에 미끄러진다

하냥 놓아만 둘 수 없어
오고가는 시간들은
서성댄다

참았던 기억들이
그윽한 눈빛 타고
너울너울 날아간다.

※영산강문학상 장려상 수상작

나의 늦가을

닿으려 하면 할수록
숨이 막혀 온다

닿기만 해도
자꾸 고자질해대고

껑청껑청
몸 밀고 나가는 바람
다독다독

희뿌연 노래
훨훨 띄워 놓고
도르르 굴러간다

간절함은
설렘의 춤사위로
추억한다

달빛 향기는

만삭의 언저리에
인사를 한다.

눈꽃송이

그윽이 너울거리며
인연을 토닥이는 속삭임

나목의 해맑은 웃음
파고드는 하얀 떨림

속절없이 떨어져도
나래치는 여릿여릿한 미소

청초한 마음씨에
꿈 새기는 눈동자

촉촉한 그림자 서성일 때
선율로 펼쳐내는 보드라운 향기

거목 위에 사뿐사뿐 날아올라
피어나는 사랑의 불씨.

제5부

그리움

울 엄마

새벽녘 눈 뜨니
머리카락들이
이리저리 부산 떨며
노려 본다

인내의 끈일까
고난의 끈일까
세월의 끈일까

추억 저편
모진 바람 맞으며
나이 들고 노쇠한
낯익은 모습.

어머니의 경대

앞치마처럼
두꺼운 잔소리
소록소록 담는다
차르랑차르랑
귀밑머리 염색하며
맑은 진실 바른다

처음 만나던 날부터
들뜬 미열
바르르 앉아 있다

뭉텅뭉텅 빠진 세월
아쉬움으로
회한의 여정 비추고 있다

뒤척이며 빗어 내린
단장
얌전하기만 하다

토닥토닥 설렘 두드리니
손끝에서
온기 몇 조각 떨어진다

꽃이 피는 시간
습관처럼 사연 바르니
오롯이 촉수 열리고

유년의 시절
그 윗목
유난히 반짝이고
하얀 향기 걸린 행복
미소로 나래 펼치고
서 있다.

기다림

오늘도 염치 없이
그리움이 일어선다
목덜미조차 지쳐
서러워하는데
그 다정했던 하늘이
철퍼덕 내려앉는다
눈시울이 저리 붉게 타는데.

향수

아늑한 하늘가에
펄럭이는 푸른 깃발

실바람이
빙그레 빚어 놓은
사색 한 덩이

뽀오얀 구름 따라
둥둥 떠다니며 노니는
추억의 돛단배.

그리움

선선한 바람이 코끝 간지럽히고
몽글몽글한 감성이 수런수런
서산의 외로움 덧칠한다

터질 듯한 사연
하루 종일 채우며 타오르는
가을 한복판

젖어든 석양빛이
연민 휘감아 안아 스며들고
뒤척이는 향기는
쓸쓸함 위에 내려앉는다

마음속 눈물인 양
고요는 가슴까지 쏟아붓고
심연으로 돌아본 시간
엷은 물안개로 자욱하다.

그리움 · 7

보고 싶어 두리번두리번
한 뼘도 안 되는
그 신음 퍼올린다

부질없이 기웃기웃
저 작은 빈터 고개 들어
나붓나붓 걸어온다

어느 변두리에서
오늘도 발목 담근 채
바라만 보고 있는가

울다 지친 목소리
우지끈 일어서도
바람에 식히는 심장 껴안는다

전율하던 두 눈
씩씩거리며
간신히 정신 차린다.

그리움 · 8

속마음 이끄는
호젓한 겨울 풍경

흰 서리 내려앉아
튀어나온 고요

스치는 짧은 인연
부드럽게 감싸는 훈훈함

구름 속에
산사 자락 옮겨 놓은 절경

그림자의 발길 따라 다가온
청초한 얼굴

산모롱이 돌고 돌아 만난
가슴 시린 메아리

마음밭 저 멀리

눈물 흐르는 물안개

으스스 조막발 치켜세워
버티는 기다림

좁디좁은 구름다리 벗어난
가장 뜨거운 가슴

새들의 노랫소리 가르고
그 틈으로 돌아온 추억

기다림의 길
가도 가도 끝없는 그 어울림.

추억 단상

고요한 입술에
하루하루 스며드는
싱그런 노래

바람 따라
조용히 불어오는
잔잔한 미소

단잠만 깨우는
금빛 도는
보고픔

회한 속
책갈피에 끼워 놓은
속살거림

기억해 내지 않아도
저절로 떠오르는
다정한 숨결

함께한 체취로 자라
지조 잃지 않는
가슴속

어깨 타고 내려와
침묵하는
여명의 사색 자락

아침 이슬로
갈증 대신하고
고즈넉이 명상하는 마음밭

싸옥싸옥 고개 들어
뒤안길 비밀스럽게 뻗어 가는
낯설음

허공 향해
사뿐사뿐 걸어가는
청명한 풍경 소리

산모롱이 돌고 돌아
저 멀리
눈물로 흐르는 그리움

가도 가도 끝없는 어울림으로
사운거린 발자국 따라
거니는 몸짓.

추억엔 승자가 없어요

묵은해가 떠나고
아버지도 떠나고

겨울 하늘엔
슬픈 교향곡과
반짝이는 윤회의 사슬뿐

숨 탄 지상에서 더욱 그리운
깊은 밤하늘이여
물끄러미 별자리 따르다 말고
이런저런 소리 듣고 있네

통증 없는 나라
그 한마디 위로하기 위해
유성의 장기말들이 자리잡고
차포 떼고 늘 그렇게
아버지와 나는 장기를 두었지

졸들은 항상 첫 공격수

비슷비슷한 승부
떨어지는 말들 순서대로
언성이 높아만 가고
한 수 물려 두는데도
남은 장기말은 늘 아버지 거.

사랑호

그리움 하나
빛나는 날

눈이슬 달고
교차하는 다리에 서서

불꽃 축제
기다리는 중

기꺼움 한 바구니
촉촉한 가슴팍에 내린다

마음 한 귀퉁이
메아리 열어 놓고

은비늘 나부대는
감성의 심연

환희의 기쁨

이끄는 파도

따스한 정 모아
그윽함으로 새겨

지칠 줄 모르는
항해의 닻을 올린다.

어떻게 할까

꼬들꼬들
비가 내린다

살래살래
바람이 분다

시끌시끌
추억이 치솟는다

달막달막
보고픔이 나선다

남실남실
생채기에 가슴 뛴다

주렁주렁 달린 행복
미끄러져 온다

찰랑찰랑
긴 그리움 하냥 스쳐 지나갔다.

아멘 Amen

그림자 휘어지는 밤
여릿여릿 흐르는 나긋나긋함
옹송거린 세월조차 촉수 세워
얼비치는 때
늘 함께, 오로지 함께, 영원히 함께

비움과 섬김의 영성 곧 청정함으로
무아, 무욕, 무위를 사는 이
곰곰이 성찰하는 시간 안고서
낯선 일들 반성할 때
늘 함께, 오로지 함께, 영원히 함께

서로에게 봉사하고 이해하고 배려하는
서로 아껴 주고 돌아보고 사랑하고 격려하며
보이지 않는 항로 접어들 때
늘 함께, 오로지 함께, 영원히 함께

몸이 허락하는 한 노동을 하며
겉치레 제거하고 나약함 부족함

깨닫고 더 많이 사용했으면 사용됐으면
하는 의문 커 갈 때
늘 함께, 오로지 함께, 영원히 함께

촛불 하나로 끝기도 올릴 때
살베 레지나 Salve Regina※
찬미와 은혜의 밤은 깊어 간다.

※살베 레지나: '여왕이시며'라는 뜻으로 가톨릭 끝기도 때 부르는 노래이기도 하다. 기도 첫 단어가 '살베 레지나'라고 한다.

제6부

독도

홍천 예찬

해님의 친구 달님의 친구 별들아
너희는 왜 하늘에서만 움직이니?

생명을 찾고 싶지
팔봉산, 용소 계곡으로 놀러와

봄볕에 추억이 마르면
생명의 길은 어디로 통할까
길은 첫 언덕을
무사히 닿으면 돼
산허리 휘감고서
사르르 뽑아 올린 외로움
바람의 친구 구름의 친구 비들아
너희는 왜 대기에서만 움직이니?
새 생명을 찾아온
수타사 계곡, 생태 공원으로 오면 돼
눈물 번지는 그리움
그 생명의 길은
둘째 언덕에 무사히 닿으면 돼

송글송글 흐르는 세상에
반짝반짝 빛나는 기쁨으로 오면 돼.

공작산

옥수수 한 알과
나락 한 알 속에
들어 있대요

강원도 홍천에
세상만사 어느 것도
옥수수 한 알 만들 수 없다지요

천국이 어디 따로 있나요
지구와 하나 되는 것
우주와 하나 되는 것
그게 바로 천국이지요

하늘에서 빛나는 별들
형형색색의 꽃들
우리를 기르고 생기 주는
축복이지요

산자락, 계곡, 산기슭, 숲속

모두 아름답고 푸르른
생명이지요

수타사 생태숲도
우리 모두의 고향이지요.

용마폭포공원

부드러움에 금세 환해지고
다가서면 아쉬움뿐

하얀 선율 있어
감성에 젖어 든다

수로 짊어진 길 풍경
날개 단 듯 마음속에 피어난다

시선 끌어당기며 앞에 서면
가벼워지다 여닫히는 이 빛깔

새소리 들리는 곳에
펄럭이는 나

되돌아볼 수 있는 하루
기댈 수 있어 좋다

후회도 걱정도 없고

쉼을 주는 휴식 같은 세상

피어 입은 치장 걸고
부풀 대로 부푼 두근거림

안달했던 선글라스 벌룽벌룽
그리움 한 가락 풀어낸다

불빛보다 더 반짝이는 깨끗함 아래
깨닫는 화두 온몸으로
여릿여릿 다가오고

바위에 밴 흔적
잔물결 따라 꿈틀꿈틀

팽팽한 긴장의 끈 밀고 가던
환한 세상
빼꼼히 음표로 치솟는다

얼 비치는 시간
하르르 굴렁쇠 굴린다

향기 어린 한 자락 발목 잡아
부푼 오후를 앓는다.

용마산

아차산 최고봉에 오른다
바람 바위 뜨거운 꽃자리
물씬물씬 맥을 담근다

산세 아름다운 사가정
솔숲도 계곡도
능선 길 따른다

사방으로 트인 전망
용마봉 오르막길
절로 감탄사 너울댄다

동쪽으로 하늘 금 그으며 선
은행나무 산허리에 슬린다

용문사 솔숲 끼고
조촐히 쪼이는 한낮
발자국마저 차근차근 합장한다

안개 어우러져
순한 잠 깨우는 풍경 소리
아득히 들려온다

술렁술렁
하늘로 달려가는 피리 소리
여기도 저기도 흐른다

아른아른한 인사에 키 자란 얼굴
포시라운 듯 보글보글 끓는다

빙그레 빚은 미소 또렷이 떠다니고
실바람 스치는 웃음소리
꿈꾸듯 요동친다

산책로
꾸물꾸물 들어찬 정기
튀어나온다

새들의 노랫소리 가르고
그 틈으로 돌아온 어울림
조용한 흔들림으로 저만큼 가고 있다.

만행산

용평 마을 오르다
바람 바위 뻗어 오른 뜨거운 꽃자리
맥을 담근다

산세가 아름답고
솔숲도 계곡도 진달래 철쭉으로
짜임새 있는 산
그 능선 길

조릿대 줄 잇는 상사바위
전망이 확 트이는 공간
오름길 급해지고 붉은 길 걸어 들고
코가 닿을 듯한 오르막길

동쪽으로 덕유산 하늘 금 그으며
오른쪽으로 백두대간 따라
남쪽엔 지리산으로 이어져
갈림길에 등산로 따른다

키다리 소나무 숲 끼고
정상이 모습을 드러낸다
보현사 조촐한 절
문지방 넘어 분향 사르며
진저리 들어찬 대웅전
호랑이가 포효하는 듯하다

오월에 터진 입술
두근두근 가슴 안고
초록 위에 눈물 새긴다

동지 잃은 허망한 길
우지끈 일어선 설움의 땅
찬바람도 털고 가는 그곳
저만치 떨리는 손 마주 잡고
꿀꺽 삼킨 오월의 그 어디에
야속한 세월만 님을 위해 행진하고 있다.

귀때기청봉

아득히 이어지는 백두대간
물결치듯 가물가물

비쭉 솟아올라 희한한 모습
더욱 돋보이는 산
가을
아기자기한 바위능선에
코 닿을 듯한 철계단

오르락내리락하며
차근차근 뻗어 가는 등산로

사방으로 트인 전망
절로 감탄사 너울너울

숲과 바람과 물안개
아침마다 어우러지고

순한 잠 깨우는 목소리

그저 아득히 들려와도

수많은 별빛들 장난스레
머언 산등성이 구른다.

거제도에서

동녘 하늘 바람 언덕에
잠자던 추억
달싹달싹 깨어난다

잔물결 따라
부풀 대로 부푼 설렘
두근두근 끌려간다

구름 물살은
온몸으로 따라와
여릿여릿 기어 가고

콩닥이는 속삭임
하얀 외로움의 눈 틔우고
끄덕끄덕 모여든다

그윽한 향기
몽돌 위에
소록소록 싹트면

동백꽃
애타게 이는 보고픔
석양에
느릿느릿 스며든다

조바심 내지 않으니
조금씩 진실이 되살아나
추억의 길이 생겨나 놀라 외친다

그리우면 그리운 대로
잊혀지면 잊혀진 대로

저만큼 가고 있는 간절함도 붙잡아
묵묵히 꿀맛 같은 감사로 살라 한다.

독도·1

동녘 해 뜨는
두 개의 바위섬
바다와 육지 서성이며
철썩철썩 포말 이룬다

긴 울림 지즐대며
물살, 물풀, 물새
바람 따라 흔들리고
푸른 띠 켜켜이 재잘거린다

바닷길 그대로 이어져
애간장 녹아 얽히고설켜
꺼지지 않고 굳세게
등줄기 볼멘소리 한다

속살까지 피는 꽃
대대손손
잃어지면 죽는 혼
은밀히 곱씹는다

억새풀처럼
강한 의지 울렁울렁
세월 달린다

혼불 아름다이 응시하며
튀지 않고 흘러내린 향기
한 자락씩 드리운다.

독도 · 3

휘영청 달빛 질펀히 품고
그 몸부림 그 울림
까칠한 그날의 달무리 더듬는다

애간장 녹아 얽히고설킨
뒤적뒤적 드리운다

별과 바다와 하늘
아픔이 진할수록
억새풀처럼 강한 의지로 지즐댄다

가슴에 꽂힌 태극기 휘날리며
불굴의 용기로 철썩철썩

간절한 마음으로
분연히 일어선 심장 소리
터질 듯 내일을 꿈꾼다

태산이라도 뚫을 듯

빼곡히 내려앉은 포말
무섭기까지 한 파도 쪼아 댄다

시련에 주저앉지 않고
눈물꽃으로 피어나
대쪽 같은 애국심 지키고 있다

바람 불어도
꺼지지 않는 혼불
<u>포르르포르르</u>
타오르고 있다.

독도 · 4

토닥토닥 멀미 안고 돌아보는
까마득했던 외로운 섬
너를 찾아 떠난 길
구르는 종소리에
뜨거운 편지 훨훨 띄운다
나른히 내비친
푸릇푸릇한 물길 열려도
달빛 아래 하늘하늘 물결 위에도
한반도 끄트머리 자락의 일출 위에도
괭이갈매기 곡조는 만세 부르고
수심 뜬 바다를 지키는 넌
바람 불어도 꺼지지 않는 혼불
빈 둥지에 놓인 알이
위험에 고스란히 열려
거친 눈물로 축여 주는
내 사랑도 유정하고
첩첩이 쌓아 놓은 어둠
짓무른 시간 끌어안은 저물녘
애절한 아우성으로

발발이 애끓는 세상 풍파
경악하는 분화구 이글이글
불같이 일어도
너는
꺼지지 않고 굳세게 서서
애국심을 지키는구나.

안창호

무실역행務實力行※
국민 계몽에
강인한 투사

독립협회, 만민공동회
활동한
활달한 성격에
능숙한 웅변가

신민회, 흥사단, 대한인국민회,
임시정부, 한국독립당에서
고난과 역경 이겨낸 선각자

애기애타愛己愛他※
즐겨 실천한
선비

서북에서
빈농의 셋째 아들로 태어나

독립 향한
뜨거운 점진漸進
펼친 애국자

파란곡절의 생애
간경화, 만성기관지염, 위하수증으로
포도즙 한 방울
마시지 못한 채
해방 앞두고 서거한 신사

독립 향한 뜨거운 의지
교육자요 교양인이며
종교 지도자였던
그 세월의 가슴을 바라본다

자식들에겐 연필 한 개
사 주지 못해 미안해했던
눈물바람이 저만치 서 있다

망망대해 가운데
홀로 작은 섬의 기
지은 아호 도산島山
안창호安昌浩 걸음 남긴 채

혁명적 전 생애 후손에게
위대한 얼로 다듬질해 주고

연설문과 자료집
그 울림 퍼져 나온다

곰곰이 생각 끝에
오름길 오르며
그 삶 그 정신 새긴다

대한 독립의 기쁨
미처 못 보고
서거한 한恨만 나폴나폴

홍사단 창립
100주년 기념하여
진실과 성실, 거룩한 생
거대한 선생의 삶
이제야 읽어 내려간다.

※무실역행: 참되고 실속 있도록 힘써 실행함.
※애기애타: 진심으로 자기를 아끼고 사랑할 줄 아는 사람만이 남을 사랑하고 이롭게 할 수 있다.

호국 보훈 달

호젓한 비무장지대 이슬이 초롱초롱 맺히고
국경의 아침 나절 바람에 휘날리는 태극기
보폭을 활기차게 걷도록 수류탄 제거하고
훈련 힘겨워 걸음도 서러워 코 벌름거려도
달리고 달리는 통일의 그 길, 평화의 그 길.

높이 보기

발행 | 2025년 4월 10일
지은이 | 노연희
펴낸이 | 김명덕
펴낸곳 | 한강출판사
홈페이지 | www.mhspace.co.kr
등록 | 1988년 1월 15일(제8-39호)
주소 | 서울특별시 종로구 삼일대로 457, 501호(경운동)
전화 02-735-4257, 734-4283   팩스 02-739-4285

값 13,000원

ISBN 978-89-5794-585-8 04810
      978-89-88440-00-1 (세트)

※저자와의 협약에 의해 인지는 생략합니다.
※이 책의 저작권은 저자와 본 출판사에 있습니다.